Sabella Hidalgo Manso

El rayo de luz del día nublado

Ilustraciones:
Carolina Yuste

SUNRISE
Editorial

eraseunavez.org

Primera edición, agosto 2025

©Sabella Hidalgo Manso, 2025

Edita: Sunrise capital, S.L.
©Sunrise Editorial
C/. Lima, 42, posterior
28945 Fuenlabrada, Madrid
entrelineas@eraseunavez.org
www.eraseunavez.org

Realización, impresión y distribución: Sunrise capital, S.L.
Ilustraciones de interior y cubierta: Carolina Yuste
Diseño de cubierta: Sabella Hidalgo Manso
Corrección y maquetación: Estela Rodríguez Millanes - beyka.es

ISBN: 979-13-990113-0-2
Depósito legal: M-17100-2025

 Con la compra de este libro usted colabora con 2 céntimos de € para la plantación de árboles.

 Impreso en papel ecológico

Impreso en España / Printed in Spain

A mis mujeres.
A ellas. Todas.
Las que nunca soltaron mi mano.
Las que confiaron siempre en mí,
cuando ni siquiera yo lo hacía.
Y a mi nena, mi pajarina,
por guiarme entre tanta oscuridad.

«Este puñado de palabras bastaron
para volcar lo que me pesaba tanto aquí dentro.
Los momentos que no se cuentan;
esos malos ratos en los que...
ni el olor del mar me devolvía a la vida.»

Introducción:
pongamos un poco de palabra

Algo había cambiado. No sabría decir con exactitud el día en que tomé mi decisión, pero sí que en mi cuerpo y en mi cabeza fueron cambiando cosas de forma progresiva, sin retorno. Y al igual que tuve momentos anteriores donde necesité exteriorizarlo mucho, ahora solo necesitaba sentirlo en mí.

Es como si quisiera cerciorarme de cada hecho, cada palabra, de cada gesto. Como que fue fundamental poder decirme primero a mí misma, que definitivamente, mi lugar no era ahí.

Debía poder desenfundar las palabras que tanto tiempo llevaban en mi cabeza, las que en sueños me había repetido tantas veces, ésas que tanto lloré. Porque yo lo sabía. Sabía que esto iba a pasar. Creo que lo supe la primera vez que puso palabras que no estaban en su lugar ni en su momento, o en todas las ocasiones en las que me sentí tan sola, debiendo sentirme acompañada por quien me daba la mano al pasear. Pero seguro que todos los días en los que sentí miedo... esos sí que fueron fundamentales para darme cuenta. Quise frenarlo, ocultarlo, taparlo, esconderlo, deshacerlo, meterlo en un agujero muy muy profundo y andar sin mirar atrás para poder obviar que existía. Pero era tan gigantescamente enorme y ocupaba tanto espacio, que era imposible no tropezarme con ello a cada paso que daba, fuera donde fuese.

Después necesité mi tiempo para llamar a cada cosa por su nombre, renombrar aquello que se había mal bautizado.

Poder vislumbrar la magnitud de aquella isla en la que me encontraba perdida. Y decirme infinidad de veces, hasta perder la cuenta de ellas, «*¿cómo he llegado hasta aquí, ¿qué he pasado?*».

La mirada desconcertante de mi nena, un día cualquiera, en una parte cualquiera de mi casa, fue el primer escalón de esta eterna escalera. Ese no era mi lugar, y por supuesto que tampoco era el suyo, y quién era yo para hacerla vivir dentro de una pesadilla que se disfrazaba de divinidad cada mañana. Así no.

Así que la última fase fue la de hacerme a la idea de que, para salir de donde estábamos y no merecíamos, tendríamos que cambiar nuestro presente y, con todo pronóstico, nuestro futuro. Tragarme a puñados todas y cada una de las cosas que soñé entre aquellas cuatro paredes. Todas. Y además de ello, hacer los duelos más complejos: los de despedirme de alguien que no se iba a ninguna parte, sino de mi vida y de mi presente mental. Sin contacto cero.

Había tantas dudas, tantas preguntas. Siempre hubo un presente dudoso, pero ahora, todos los esquemas a ideales del futuro se habían derrumbado delante de mí. Y nada tenía sentido.

El dolor que puede albergar un proceso similar a este no se puede concebir en palabras, ni en números, ni en lágrimas. No se puede concebir. No hay alma terrenal que pueda acoger tanto dolor sin romperse en el intento, sin hacerse heridas que quizás después no se puedan sanar.

Y por ello, y tras mucho tiempo de absoluto silencio en mi boca y en mis manos, llegó el día en que pude enfrentarme a los folios en blanco y comenzar a escribir. Escribir todo lo que guardaba en mi pecho, todo lo que mis palabras no consiguieron definir correctamente en voz alta, pese a mis constantes y frustrados intentos.

Escribí para sanar, para encontrar un pequeño resquicio de luz tras cada texto; para encontrarme. Escribí para tener la falsa sensación de que el dolor se me iba un poco, y al parecer es el tiempo quien va aliviando esa carga. Y luego escribí dándome cuenta de que, quizás entre estas letras, otras personas pudieran sentirse acompañadas, comprendidas y quien sabe si aliviadas, en el transcurrir de sus procesos. Y entonces decidí que no podía ser solo mío, sino que este ejemplar, debía llegar a más manos, a más mentes y a más sueños. Porque el dolor siempre se lleva mejor en compañía y a mí nada me hizo más compañía en la vida que mis propios libros.

Incendio forestal

Alguien de tu medida

Necesitabas a alguien a tu medida,
y yo no era;
porque no voy a vivir agachada
para que tú
te veas agrandar.
Y no era mi altura el impedimento,
ya lo sabes;
sino lo alto que soy capaz de llegar;
como puedo volar sin aire, sin brisa,
sin impulso,
incluso contra un huracán.
Y al parecer, esto te escuece.
Así que no, yo no era
la medida de persona que esperabas encontrar.

El mejor

Llegaste con cautela,
como animal que observa su presa.
Suavecito, lento y cuidadoso.

Anduviste encima de los cristales rotos,
sin hacerte un solo corte.
Mágico, atractivo y poderoso.

Aprendiste rápido
trucos para burlar la ley;
incluidos en tu plan tenebroso.

Me tuviste ahí: en tus manos,
en tu cuerpo, en tu cama, en tu vida;
confiada de tu imagen
y de tu corazón bondadoso.

Y cuando me abrí,
y te entregué todo lo que tengo,
demostraste que eres el mejor:
el mejor de lo peor adentro.

Lo más importante de esta historia,
fue aprender, con buen ojo,
a descubrir lobos bajo la piel de un oso.
Porque tú no hibernas, ni comes miel;
tú destrozas vidas a tu antojo.

Munición

La peor de las guerras es con una misma;
porque ahí, no hay escudo que valga,
y si se acaba la munición,
sigue habiendo flechas y arco.

Cambio de planes

El tiempo pone todo en su lugar,
o lo despone, en su defecto.
A veces, para ordenar,
hay que echarlo todo abajo,
desmontar lo que
con tanto esfuerzo hemos hecho.
Lo que no es para una, no es;
y lo que no es, es por algo,
no hay que lucharlo,
toca aceptarlo.
Porque aceptar es el camino más corto
para transitar el dolor propio,
aunque no el más cómodo,
ni el más barato,
ni el más bonito, ni el más lujoso.
No tengo claro aún,
si es el tiempo quien pone lugares,
o si es a base de errores
o decisiones, que al final es lo mismo,
que nos vamos colocando
la frecuencia en la que vibrar,
y entonces nos quitamos las piedras del propio camino.

Pero qué en paz se queda el cuerpo
cuando lo pones en buena onda.

S.O.S

Por todo el daño que me has hecho.
Por cada confianza rota.
Por todo el hielo, por todo el gas.
Por los pactos que se tragó tu boca.
Por cada lágrima en los ojos.
Por mi orgullo, bajo tu bota.
Por cada duda.
Por caradura.
Por mil armaduras rotas.
Por tus impulsos.
Por mi cordura.
Porque la mezcla contigo explota.
Por tus despistes,
mis insistencias,
y por esa forma de volverme loca.

Por todo ello: *gracias*.
Porque ahora, que no te tengo en la boca,
puedo respirar tranquila
y vivir sin boca a boca.
Ahora nadie me quita el aire.
Ahora toda desconfianza es poca.

Gracias, porque ahora vuelo
alto, rápida y libre;
libre de personas como tú,
que incomodan el camino
y me impiden que vibre.

Las muñecas a canal

Las heridas ya no se curan con alcohol;
ahora ya no se suelen tapar;
pues al aire libre y con tiempo
se han de curar.

Tengo la teoría para un diez;
y aquí estoy,
abriéndome las muñecas en canal.

Cuando se ama
a la persona equivocada

Te das cuenta a tiempo,
pero tardas en reaccionar;
porque cuando ves al *gato pardo*
ya estás metida hasta las trancas:
sin camino de vuelta,
sin brújula, ni guía
y descalza... desnuda de pies y de esperanza.

Des —alma— do

Donde falta la conciencia, no hay alma.
¿Quién te crees para acceder, sin permiso,
allí donde te dé la gana?

Dicen que la vida aprieta, pero no ahoga;
y qué mañanitas de niebla, tardes de sol.
Pero... bajo tu cama debe de haber muchos *cocos*,
y el armario lo tienes lleno de monstruos peor que tú.
El karma debe de estar frotándose las manos contigo...
Al tiempo no le gana nadie la batalla.
Y al mal tiempo, buena cara, siempre, cariño.

I wish

Te deseo todo.

Lejos de mí.
Fuera de mi cabeza.
Delimitado en unos márgenes.
Sin alcance.
Y ajustado exponencialmente a la mierda
con la que impregnas a las personas que se te acercan.

Todo para ti, de mi parte.
Más todo lo que el universo te tenga preparado.

Gato pardo

Querido gato pardo:

Ándate con buen ojo,
se te han acabado ya las oportunidades y los salvavidas.
Ahora te toca limpiar tu propia mierda,
de la cajita de arena 2x2 en la que tu personalidad
habita.
Dale recuerdos a tu orgullo, de mi parte, que,
herido y derribo, no se afila más las uñas.
Se acabaron las 7 vidas;
caer de pie ya no te sirve de salida.

Atentamente: tu hada malherida.

#Hagstad Nomehagoalavidasinti

Cómo definir tu caso ... Te entregas a medias, pero quieres siempre el primer premio; ser elogiado como el que más. Nunca eres realmente tú; siempre hay dudas, espacios, silencios y meteduras de la pata que entregas cuando te la piden, y que escondes cuando hay que ser valiente y decir a los cuatro vientos que esa piedra la tiraste tú. Sabes medir con pulcra exactitud el tiempo que ha de pasar entre cada cagada y cada *nomehagoalavidasinti*. Métrico y a la vez despreocupado, como si nada tuviese que ver contigo y con el barro que dejas tras cada pisada, en la alfombra y sobre la cabeza de quien dices que amas; jugando a piedra, papel o tijera, para decidir la siguiente jugada. Vivir contigo es no saber cuándo eres el yang y cuando eres el hielo del gin tonic de la noche anterior: frío, duro y a la vez tan frágil e inservible, como ponerte un rato al sol y ver como todas tus excusas se derriten y desaparecen, como tu máscara de joker. En esta vida hay que elegir; mojarse los tobillos en la orilla del mar para coger así las conchas más preciosas. Pero tú eres de los que no pueden apreciar la individualidad y a quien la excepcionalidad molesta. Entonces, cariño, me vas a perdonar, pero tenía que llegar alguien para decirte que, ni eres oro, ni reluces, y que, además, te deslumbra la luz de las almas que tratas de apagar, por mucha gafa que te pongas. Tu sitio está en algún lugar y no era éste, aunque equívocamente lo hayas calentado durante un tiempo. Ahora saldrán huevos de tu incubación, y les he puesto nombre y todo: uno se llama «si te veo, ya ni te recuerdo», y el otro dice «*pocotú*, hasta luego».

Barrena

Cercada, sin vallas,
en mi paradigma mental.
Atada de pies y manos,
incapaz de volar.
Versión metralla en la mano,
para tragar y tragar,
buscando un alivio
donde nunca podrá estar.
Forzada dentro del pecho,
la respiración viene y va.
Barrena, sentir desecho,
y aún seguir apretando un poco más ...

En el mundo y en la cama

Tardé tiempo en darme cuenta
que no era a ti a quien lloraba,
sino a la idea de lo que nunca fuimos,
pero con lo que mi mente fantaseaba.
Le lloré al fracaso
de proyectar con quien ya no caminaba;
al vacío de cuando se va algo
que, en el fondo, nunca antes estaba.
Y tardé tiempo en darme cuenta
de que eras tú el único que activaba
mi botón de no retorno
en el mundo y en la cama;
y que deshacer ese enfermo deseo
me llevaría tiempo, vida y ganas,
más todo el que malgasté, mientras en esto pensaba.

Sin contacto cero

La jodimos.
Y ahora estamos condenados, no hay vuelta atrás.
Sin contacto cero,
con cero posibilidad de escondernos, de retirada;
odiando la alternancia y el silencio,
y el ruido que hacen tu cuerpo y el mío
con el mero hecho de existir.

Póker

Eres un poquito regular,
como los malos de las películas,
como las malas personas,
como las cabezas malas,
que toman malas decisiones,
que les llevan a malgastar sus vidas,
tratando de reparar el mal ocasionado,
viviendo con el malestar consecuente,
mientras mal pintan falsas sonrisas en su cara,
de malos jugadores de póker.

Pintan mal las copas que rompiste,
tanto como el jaque mate que buscabas.
Te salió el tiro por la culata;
será la mala suerte
de que *ya no eres principiante*.

Sin principios

Te quise como no es:
por encima de mis principios.

Y al final se veía venir;
que, al quererte sin amor propio,
expuse mis heridas,
todas ellas abiertas para ti.

Finales
y otras historias
interminables

¿En qué lagrima te sientes satisfecho?
¿Hay un tope de dolor?
¿A cuánto está el fondo que quieres que toque para sentirte mejor?

Aún no has entendido que,
por muy abajo que trates de ponerme,
siempre tendrás que inclinar tu cabeza hacia arriba
para verme en máxima resolución.

Te echo de más

Me has jodido tanto que,
el odio y la rabia que me haces sentir,
bloquean la posibilidad de hacer el duelo
que esta relación de dos se merecía.

Y entonces me haces el camino más fácil,
sin darte cuenta y sin desearlo.
No puedo echarte de menos,
en todo caso, sería de más;
de todas las cosas que más aparecieron,
en el espacio que tú dejaste al marchar.

Monzones y tormentas

Oxígeno

Hay cosas que no se pueden separar,
como las moléculas de oxígeno;
porque si no, se acaba la vida;
o como el horizonte y la puesta de sol,
porque si no, se acaba la esperanza.

Y es que aún no se inventó manera alguna
de poder recoger en algún tipo de lenguaje
que, te echo de menos de forma visceral;
que cuando te vas, se muere una parte de mí.

Tu ausencia llena cada uno de los espacios,
da igual donde me esconda, siempre me encuentra.
Todo huele a ti, a nosotras;
a la vida que teníamos antes.

¿Cómo separar lo que fue dentro de sí mismo,
lo que latió al mismo tiempo?
Aún siento la sincronía cuando se unen las pieles,
cuando me buscas y te miro,
cuando brillas y te sonrío.

Cuando te vas ...
Cuando te vas duelen lugares que no había visitado
nunca,
se ralentiza el tiempo,
hay una luz rara en el cielo,
nada importa ... y tengo miedo, mucho miedo.

Porque, a veces, cuando te vas,
te llevas un trocito mío,
y yo me quedo un poco en *standby*,
esperando que vuelvas a devolverME.

Por las noches

He tapiado todas las puertas de mi armario
y, sin embargo,
cada vez que te vas,
vuelven a atormentarme los monstruos.

Desandar

Tuve que irme,
para desandar el camino
y poder encontrar el lugar exacto
donde me había herido;
buscar el origen,
donde se rompió algo.

Tuve que romper mis realidades,
deshacerme de mi presente, huir de allí,
donde siempre había querido estar,
donde fui yo, o eso creía...

Tuve que jugar duro,
sin certeza alguna de hacia dónde iba,
sin comodines, sin excepciones;
pero sabiendo que, al quedarme,
desharía lo poco de mí que ya había.

Dolores

Me duele el alma en lugares
que no sé si podré curar.
Se cuela el miedo en rincones
que jamás podré llegar a explorar.
Me huele la cama a la pena
que, tras de ti, ya no se va.
Y sigo sin saber qué hacer con todo esto,
ni por dónde empezar a sanar.

El cajón más oscuro que tengas

La rabia que te arde en el pecho.
El dolor de las heridas.
La incertidumbre constante.
Las lágrimas que no cesan.
Los ojos hinchados.
El cuerpo cansado.
La mente en bucle.
El miedo.
La autodestrucción.
Todo.

Cógelo todo, me decía,
y mételo en el cajón más oscuro que tengas;
y luego tómate tiempo y paciencia
para coser los trocitos que de ti quedan.

Poco se habla

Poco se habla...
de cuando me quedé dormida mientras tu pijama olía.
Poco se habla...
de todas las noches en las que te escuchaba,
aun sabiendo que no te tenía.
Poco se habla...
de cuando no encontraba oxígeno para respirar, para esperarte.
Poco se habla...
de que muchas noches se hicieron días, que no sabía si podría...
Poco se habla...
de todas las veces que os llamé diciendo que no lo lograría,
que no sabía cómo caminar, que me hundiría.
Poco se habla, de que pensaba que, sin ti, no podría.

Y poco se habla de lo que sí conseguí, de lo que me esperaba,
que superé mis miedos, que me sentí en mí misma superada.
Poco se habla...
de que caminé a oscuras, sin brújula, sin ganas,
y conquisté los lugares donde nunca antes me imaginaba.
Y poco se habla,
de las personas bonitas que la mano me daban.
Poco se habla...
de que ya son unas cuantas batallas ganadas,
y de que, cuando la vida me aprieta,
lo hace para devolverme *más pura y más sana*.

Pronombres personales

Yo de mí.
Tú de mí, en mí.
Yo a través de ti.
Tú junto a mí, sin nadie más.
Yo sin ti y sin mí.
Mi, me, conmigo.
Tú, yo, nosotras.

Soltar

Abrir la mano.
Permitir ser, individualmente.
Promover la fluidez en sí misma.

Ya te suelto, ya voy ...
solo cinco minutos más.
Abrázame fuerte,
para que me dure *hasta que vuelvas*.

Tsunami

Me resistí en vano a dejarme llevar por el impacto del tsunami que vino tras de ti, sin darme cuenta de que, aún buceando bajo la gigantesca ola, no podría evitar ahogarme con cada punzada tuya. Era como tratar de retener en el aire un globo inflado, *sin nudo y sin cordón*.

Salvarte

Ojalá poder salvarte
de lo que nunca estuvo en mi mano;
poder decirte que es un mal sueño
y decorarlo.

No sé aún cómo mostrarte
lo finito de las cosas y la vida dura.
No quiero que te duela,
pondría mi cuerpo, mi alma, sin duda.

Y lloro, mientras me doy cuenta
de que lo único que tengo en mi mano, es la tuya
cada vez que estás aquí;
y eso es lo que cuenta y lo que suma.

Y entonces decidí que,
estaré siempre para acompañarte,
no te quepa la menor duda,
en cada paso, cada herida y en cada fin.

La biblia

Incluso en la mierda,
incluso muerta la esperanza que te tenía,
sigo aceptando tus migajas,
como pan de cada día.

Duda existencial sin numerar

¿En qué piensas cuando no puedes pensar en lo que piensas?
¿Cómo hago para deshacer el daño, si hiciera lo que
hiciese iba a doler?

El eco

Hoy no te puedo ver.
Ya no estás aquí.
Me lo grita el eco de la silla vacía donde te sentaste ayer.

Dos mitades

Disociada entre una vida conmigo, sin ti,
y una vida sin mí, pero contigo.

Querer bonito

Estoy aprendiendo a querer bonito,
a fiarme de las personas otra vez,
a tener fe en el vivir,
comprendiendo que todo es finito.

Pero voy despacito, cuidadosa y precavida,
porque una vez no fui bien querida,
y tengo miedo de poner de mi
donde con desprecio se reciba;
donde no se acoja en su medida,
como merece ser, con toda su valía,
donde no haya espacio ni cabida
para todo lo que, aquí en mi pecho aviva.

¿Cómo estás?

Dependiendo del día y del momento
y de la antojadiza hora del reloj,
te diré que bien, o que muriendo lento;
que me ahogo a ratos y en otros, sale el sol.

Porque alguien que decía que me quería mucho,
pero que nunca me quiso bien,
ha hecho travesuras con lo mucho
que tenía de mí y que, por error, le entregué.

El papel

Me siento como un papel
que se dobla y se desdobla,
cada vez que vas y vienes.

¿Cuántas veces podré doblarme sin quebrar?
Vivo con la impresión de la fragilidad,
cada vez que te vas, me vuelvo a doblar y no te tengo.

Las cosas que no se dicen

Las cosas que no se dicen, se quedan en el alma;
se enganchan como las espinas de madera
a las yemas de los dedos
y, como a veces no sentimos molestia si no rozamos esa yema,
nos olvidamos de que el dolor está, crece en ti,
en tu piel, en tu cuerpo, en tu cerebro, en tu cueva.

Las cosas que no se dicen duelen, en silencio, pero duelen,
se anclan y se apoderan de nosotras, nos raptan;
nos silencian a medias tintas, nuestra esencia,
y nos van restando importancia y un poco de presencia.

Porque las cosas que no se dicen, en verdad sí se dicen;
y no se susurran, se gritan, porque atormentan,
y es en nuestro cuerpo, nuestra balsa,
donde se expresan y experimentan.

Corazonada

Cuántos límites tuve que cruzar, cuántos...
para sentir que, si giraba una esquina más,
no sabría encontrarme entre tanta callejuela;
no podría identificar ya lo que sí era mío,
no habría forma humana de reconstruir la ruina,
de tantas páginas que arranqué,
ya no tenía cuerpo el libro, no quedaba historia que contar.

Cuántos límites me pasé de largo el paso,
cuán injusta fui conmigo misma, cuán tirana.
Fracasé mirando el camino por delante,
caminé haciéndome heridas en cada huella,
y escondí, en vano, las verdades que encontraba,
deshonesta a los pocos valores que de mí quedaban.

Me apagué, lo hice lenta y tristemente,
de pura angustia, de rabia, de simple derrota;
asustada por la soledad que me ganaba terreno,
por la piel cobarde, el corazón roto.
Y dejé de sentir lo que ya no sentía,
comencé a fingir que, incluso fingiendo,
no hallaría el camino de vuelta a casa
y me pudriría en aquel falso nido al que llamaba hogar.

Y cuando todo comenzó a descomponer,
cuando ya no quedaba *nada*,
cuando caían las paredes a mi alrededor,
fue ahí cuando pude entender
y cuando, por fin, tuve esa corazonada.

La mente a cero

Has teñido de color mierda cada uno de los recuerdos.
Ya no soy capaz de visualizarte en mi salón.
En mi cabeza, ya no hay un salón antes del mío;
ya no hay siquiera un *antes de*.

¿Acaso estuviste aquí?
A duras penas recuerdo el tacto de tus manos,
no sería con amor lo que acariciabas,
y se puso en marcha la memoria selectiva de mi piel.

Has desecho cada párrafo de nuestra historia,
de lo que pudo ser y de lo que jamás tuvimos.
Has pisoteado hasta las cosas bonitas que,
estoy segura alguna vez supiste decir,
aunque ya no las recuerdo...

Me has reseteado la mente a cero,
y cuánto te agradezco que,
al menos, de todo lo que has hecho mal,
de esto pueda sacar buen partido
y solo tenga que dedicarme a olvidarte.

Cuando algo quiere doler

Cuando algo quiere doler,
hay que dejar que duela,
hay que dejar que traspase,
que se cuele por cada pensamiento.

Cuando algo quiere doler
hay que invitarle a entrar,
entregar el alma, aun no queriendo,
porque eso duele;
y sentir el miedo que se siente por las noches
cuando, el muy descarado duerme a tu lado;
no te habla,
pero se atreve a mirarte fijamente,
te reta en cada nuevo amanecer,
a ver cuánto aguantas,
cuánto de ti queda en pie.

Cuando algo quiere doler,
debes llegar a creer que no volverás;
que quedarás atrapada en el dolor
de haberte arrancado aquello que más te definía;
sostendrás a duras penas el día a día.

Cuando algo quiere doler y le dejas entrar,
cuando le permites todo lo que tienes,
cuando aprendes a sostener la mirada sin temblar,
cuando dejas de tener miedo a *dolerte*,
cuando te abandonas realmente a tu suerte,
pero, sobre todo, cuando sientes que,
de verdad tras ese dolor, nada ya podrá dolerte,
es ahí donde termina el proceso y comienzas a tenerte;
comienzas a ser, de nuevo, tú; y menuda suerte.

Hay días

Me surge una duda constante
sobre cuál es la pieza,
el trozo de ti que, a fuerzas te arrancaron.
¿Cuántas puestas de sol te faltaron por ver?
¿Qué hay de tu infancia?
¿Qué te quitaron?

Y es que, encontré en ti algo inhumano,
que mi mente me obliga a entender, una y otra vez,
en círculos interminables e insanos.
Debes de sentirte muy vacío y has ido rellenando de mierda
el incompleto panorama de tu desastre mental.
Hay días que no deberían contemplar personas como la tuya,
y hay personas que no deberían poder *ser en ciertas vidas*.
Como tú.

Vacío

Déjame que te cuente al oído
lo que se siente cuando la tierra vibra
y se abre otro mundo bajo tus pies.

Déjame que te explique
cómo es eso de caer de lleno al vacío
sin paracaídas y sin *paradolores*.

Estar de domingo

Siento que vivo dentro de un reloj de arena
que gira y da vueltas sin parar.
A veces me hunde y me ahoga entre mi pena;
y otras, sentada en la cima de su cumbre,
me invita un poco a mirar y
me envía directa al fondo del otro lado
donde solo puedo volverte a esperar.

Sin tacto

Sin todo.
Sin nada.
Sin ti.
Sin mí.
Sin nosotras.
Sin tiempo.
Sin risa.
Sin pausa.
Sin nunca.
Sin mañana.
Sin futuro.
Sin ahora.
Sin vergüenza.
y sin sentido.

Brisa de mar

Ese día

Eres la luz.
Las miguitas de pan.
La brisa del mar.
La puesta del sol.
Las contraseñas.
Las señales secretas.
El calor en el frío.
La brisa en verano.
Eres ese trozo de luz que traspasa la nube del día nublado.
Eres la esperanza, el charco en forma de corazón;
el cielo teñido de rosa.
Estás en la sonrisa de las personas que me miran con bondad
y me dicen con los ojos que todo va a estar bien.
Eres el sonido del océano en calma los días de lluvia.
El brote de hoja nueva de la planta que se va.
Eres la marca especial en el calendario, *ese día*.
Eres el recuerdo que siempre se queda en la piel;
que hasta puedes oler cuando no está.
Eres todas las cosas que me levantan cada día;
todo por lo que, aún en ruinas, me mantengo en pie.

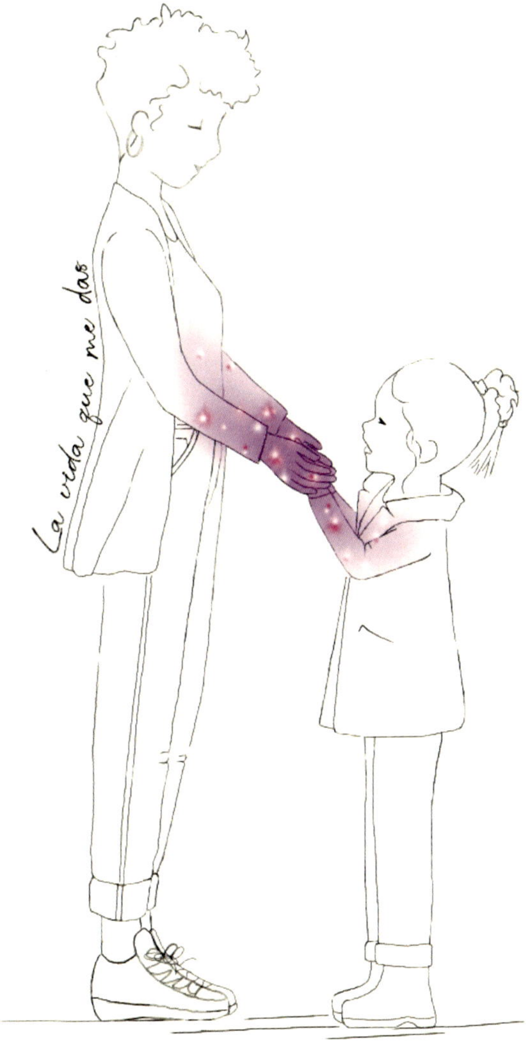

La vida que me das

Calma

Desde que te fuiste,
ya no hay pelusas tras las puertas;
las plantas han vuelto a florecer.

Desde que te fuiste,
se fueron contigo mis miedos y tus fantasmas;
y no te haces a la idea,
de lo inmensa y bonita que es esta calma.

De una madre a una hija

El amor de una madre a una hija
es inmenso, no se mide.

El amor de una madre a una hija
es eterno, no se acaba.

El amor de una madre a una hija
es único, no se repite.

El amor de una madre a una hija
es de la madre y de la hija.
No se toca.
No se muerde.
No se pisa.
No se duda.
No se daña.
Porque el amor de una madre a una hija
nos da el sentido del vivir.
¿Qué seríamos sin ese amor?

El fondo

Cuéntame quién eres;
empieza por tus heridas,
todas las que te definen;
las que, con magia, has convertido en virtudes.

Muéstrame dónde te duele,
para que pueda amarte desde el lugar,
donde nunca lo hicieron otros.

Devuelve la luz a cada rincón de tu alma;
¿acaso no llegaste al fondo ya?
Ahora solo te queda subir, *ADELANTE*.

No estás sola

Hola. Lo siento. Bienvenida. Te abrazo.
No estás sola.

Son algunas de las palabras que me dije a mí misma
cuando volví a reencontrarme;
cuando comencé a enmendar los errores
de haber amado a quien de amor no sabe,
de haber confiado en quien nunca tuvo espacio seguro;
de dar las llaves de mi alma a quien no la tiene.

De veras, lo siento.
Y es que no podré vivir las vidas suficientes
para sanar y reparar todo el daño causado;
pero sí exprimiré el tiempo sostenido,
el elegido,
en agradecer la oportunidad de tener-ME,
en brindar por quienes sí me AMAN
en amar-ME y en cuidar-ME siempre.

Antes de que vuelvas

Esperanza es lo que yo siento
el día antes de que vuelvas.

Es la media sonrisa de pensarte.

Es oler tu pijama y emocionarme.

Esperanza es sentir que, contigo a mi lado,
francamente, no me falta nada;
es el teléfono en modo avión
y la vida en altavoz.

Esperanza es saber que existes y que,
el mero hecho de que SEAS, me haga tan feliz.

Tras tu partida

Todavía no alcanzo a asomarme por todas las puertas y ventanas que se han abierto tras tu partida.

Cuánta LUZ.
Cuánta VIDA.
Cuánta YO.

Gama de color

Arriba y abajo.
Montaña y río.
Blancos y negros.
Dormida o despierta.

La vida en extremos me causa adicción.
La caída libre.

Mi plan de año es reaprender;
vivir a luz tenue y sentirme plena
en la relatividad y los puntos medios,
que también saben a gloria y a paz.

Salvajes y libres

Cuando la tormenta escampe,
saldremos a tomar sol,
compraremos helado de coco
y pasearemos, que no es poco.

Cuando la tormenta escampe,
promete cogerme la mano
y caminar, sin hablar, sin dudarlo
con las margaritas, que saldrán a celebrarlo.

Cuando la tormenta escampe,
ya no llevaremos botas de agua,
ni paraguas de color;
la ropa quedará tendida y seca
bajo el sol y su calor.

Porque cuando la tormenta escampe,
que va a escampar, créeme,
la lluvia nos habrá regado tanto el alma,
que disfrutaremos, por fin de esta calma
y floreceremos *salvajes y libres*.

Me acompañas hasta la calma.

Ave fénix

Lo que te pasa es que te crees alguien.
Error.
Y lo que ocurre es que me infravaloraste.
Error.
Y ahora te quemará la cara
con las cenizas que deje tras echar a volar.

Último modelo

Date tiempo ...
Espacio.
Permiso.
Ternura.
Paciencia.
Respeto.
Cariño.
Bondad.

Ya verás la versión remasterizada que se viene.
Último modelo.

Otro valor

Ya quiero enamorarme,
dejarme fluir, llevarme a otra parte.
Sentir mariposas, regalarme rosas;
con otro peso,
otro envoltorio,
otro valor y muchas más cosas.

Porque quiero enamorarme de mí,
ponerme la primera, delante;
sentir que no hay nada más importante.
Ser capaz de poner los puntos sobre las íes
y las comas a tiempo,
para entender las palabras
y que no se las lleve el viento.
Quiero estar al plato y a las tajás,
pero conmigo, siempre conmigo.
Quiero abrir de par en par la ventana,
sentir la corriente en mi cuerpo
y explotar de placer
cada vez que me mire el reflejo.
Quiero conocerme bien,
reacondicionarme por dentro;
sentir que aquí y ahora
lo tengo todo, porque me tengo.
Porque ahora toca florecer:
primera fila y a detener el tiempo.

Frecuencias

Nunca fuiste capaz
de hacer la lectura
de esta frecuencia.

Y para cuando pude darme cuenta,
había gastado energía de más
en tratar de explicarte un mundo,
mientras tú no veías de la puerta más allá.

Tu lector estaba obsoleto,
incluso con garantía, incompleto
y por más que yo lo desease,
por más vueltas que le generase,
no tenía forma ya de actualizar.

Así que una pena;
usar y tirar.

Errores varios

Nunca cortes el poto,
crecerá más salvaje y fuerte;
y corre el rumor
de que es imposible de matar.

Está bien así también

Me costó aceptar...
que otros cuerpos fueran tu casa,
que otras manos fueran tu guía,
que otras voces sonaran en ti,
que otras formas te servirían.

Y está bien así también,
porque eres del mundo
no solo mía.
Libre viento, pájaro en vuelo;
mamá te será siempre compañía.
Aunque no me toques, siempre estaré dentro de ti:
Seré tu guía.

Las cosas verdaderamente importantes

Sonreír.
Mirar al cielo.
Tener un amigo perruno.
El calor del sol en la cara.
El olor a sofrito.
Las ganas de abrazar.
Los amigos de siempre.
Una copa de vino.
Un buen beso.
Que te agarren la mano.
Un trozo de chocolate.
Una canción alegre.
Un recuerdo.
La luz del atardecer.
El olor a campo mojado.
Sentirse en casa.
El pan recién hecho.

Ir al cine.
No madrugar el sábado.
Andar por el campo.
Acompañar en silencio.
Silenciar el móvil.
Ponerse en modo avión.
Plantar una semilla.
Tocar hojas mojadas.
Gritar de emoción.
Drenar el alma.
El inicio de un viaje.
La adrenalina de un reencuentro.
Escuchar tu música.
Bailar a ojos cerrados.

Maternar con ternura

Maternar es volver a tus inicios para rescatar lo mejor de ti.

Es maternarse a una misma para poder encauzar
cada pequeño error y celebrar cada acierto.

Es permitirse sentir miedo y alegría
casi a partes iguales en el mismo día.

Es colocar el equipaje de nuevo, prescindir de lo innecesario.

Maternar es salir de ti misma, para mirarte de frente.

Es hacerte preguntas que nunca antes te habías hecho.

Maternar es sentir que la vida sigue alrededor,
pero tú quedas en pausa,

es sentir un amor que te explota en el pecho,
y un miedo que te invade en el alma.

Maternar es reencontrarte en tu valentía, sacar tu fortaleza;
es caminar hacia atrás, para avanzar hacia delante.

Maternar es tener el coraje de abrir tu caja de los recuerdos;
es conocer tu infancia para entender la suya.

Maternar es como quitarse el disfraz, quedarse desnuda;
es sentir frío y calor, felicidad y miedo.

Maternar es conocer la más absoluta oscuridad dentro de un sol;
es brillar más que nunca, *por dentro y por fuera.*

Mi salón

Había algo que no cuadraba en mi salón,
y por más que miraba y miraba
no me daba cuenta...
Hasta que lo vi.
Y fue entonces cuando saqué de mi vida *ese mueble*.

Promesas

Te prometo que me vas a encontrar donde siempre me necesites, disponible en piel y corazón.
Siempre habrá hueco para ti en mi almohada.

Esa canción

Espero *que todo* esté *bien,*
que tengas al menos un ancla,
un libro,
un texto,
una canción,
o una mano amiga
que te acompañen la pena
que anestesien el dolor.
Poquito a poco se pasa.
Date tiempo y pon *esa canción*
tantas veces como te pida el corazón.

Date tiempo

Dame tiempo.
Démonos tiempo
y amor.
Amor del que se entrega con medida, pero sin miedo;
con corazón y razón.
Date mimo,
mírate lento;
con la ternura de las primeras veces.
Y ama, ámalo todo
con el sentir de saber que se acabará,
en algún momento de este tiempo que te das.

Miguitas de pan

Ese será mi regalo de vida:
que siempre encuentres un lugar seguro donde habitar.
Mi recompensa es hacerme mejor persona.
Desaprender, desmemorizarme,
deshacerme para volver a empezar.
Este es el camino: GRACIAS.
Gracias por dejarme tantas y tantas *miguitas de pan*.

2 centímetros

Ya puedo abrazarte,
acariciar tu cuerpo,
y todo está bien.
Ya estás aquí, has vuelto;
a 2 cm de mi piel, *te siento*.

Estoy aquí

Date tiempo, estoy aquí.
Me encontrarás donde siempre,
donde me dejaste;
donde te esperaste volverme a encontrar.
Siempre.
Disponible y plena para ti.

Confesiones conmigo misma

Aún hay días en los que fantaseo con la idea
de que no eres la persona que realmente fuiste,
y te quiero dar el voto de la pena
y confiar en que una parte de tu mierda
igual se desvaneció entre tanta duda,
pero no.

Las malas personas, malas se acuestan y malas se levantan,
no las cambia el clima, ni el viento primaveral;
ni la paternidad, por si en eso había dudas.

Y es este mucho corazón para ese alma tan hueca tuya.

El fantasma

Me fui poniendo a prueba
todos los miedos que te tenía,
miedo por miedo...
hasta que, uno a uno, me los comí
hasta que no quedó nada que temer
y el recuerdo de tu existencia ya no escocía.

Amor del bueno

«Has cambiado, te noto distinta,
tu pelo, tu cara, tu olor;
las cosas de las que me hablas,
tu sonrisa.»

Yo también me veo distinta,
he cambiado, mi pelo, mi cara y mi olor;
porque... de no haberlo hecho,
seguiría siendo la misma
y no podría decir que ésta ahora soy yo, tan yo.

He cambiado.
Y qué bien que he cambiado,
y que ya no soy esa antigua yo.
Ahora luzco corazón nuevo,
autoestima renovada,
y amor del bueno, mucho amor.

Tras tu partida

Espero haber sido clara y concisa
con el mensaje que había detrás.
Cuando pusiste un pie fuera de mi vida
pude volver a vivir. Ya está.
Y cuando yo puse mi vida en mi vida
pude volver a ser lo que siempre fui;
lo que realmente vine a ser,
aquello que tú no querías.
Y qué regalo de la vida
recuperarme y volver a sentir
el mensaje que había tras tu partida.

Salir

Tenía claro que debía salir de allí,
y que, para hacerlo, debía reconocer mis errores,
hacer un puente con las excusas que me inventé
y apoyarme en mi orgullo como dos bastones.
Debía caminar largo por la senda de la autoestima
que enterré y sepulté debidamente,
tras todas y cada una de tus malas disculpas.

Por todo ello... claro que lo sabía...
Tenía claro que debía salir de allí inmediatamente;
tan rápido como mi cuerpo dolido pudiera ponerse en pie
y correr, cabeza bien alta, lejos de ti, felizmente.

Faltos de querer

Llegará el día del juicio final,
llamémosle así.
Tocará hacer el balance,
poner la mente en trance,
y rescatar lo que quede;
y a quien no se lo espere,
le entrarán las dudas
y será sorpresivo, si me apuras.
Porque el día del juicio final,
habrá de todo menos finales.
Será de golpe, sin preliminares,
con el fin de comprender
que todo lo que dices y haces
tiene un peso y un deber;
que todo lo que va, viene de vuelta,
y así lo que te ha de corresponder, es tuyo;
y hacerte cargo de lo que te pertenece
es lo que ahora cuenta.

Y todo a su vez, te será devuelto en vida;
mediante gestos, malas suertes, malos días
y cuerpos *faltos de querer*.

Lo mejor está por venir

Amistad eres tú,
que te mimetizas en cada etapa,
que solo preguntas cuándo y dónde;
y que sabes cuánto,
por cuánto tiempo dolerá.

Amistad eres tú que no sales corriendo
cuando ves mis peores fantasmas;
que les das la mano, paseas con ellos
y les enseñas que lo mejor...
lo mejor está por venir.

Extraordinaria

Ahora que no estás:
soy mucho más yo,
soy muchas más yo.
Soy todo lo yo que he venido a ser;
sin encorsetarme
(todo lo que me intentaste robar).
Soy la yo que no pudiste tener,
la que tan siquiera llegaste a probar.

Ahora, al fin soy yo.
Y soy extraordinaria.

Arrancar el mañana

Mis pies sobre el suelo.
El aire en la cara.
El sol en el pelo.
En mi mente, no hay nada.

Camino despacio,
para sentir las pisadas,
y bajo mis pies,
oír cómo crujen las piedras aplastadas.
Escucho la vida,
mi respiración, en calma.
No importa el tiempo;
en la nada no hay nada.

«¿No me ves? Estoy aquí. Mírame la cara.»

Me decía mi nena,
arrancándome el mañana.

El pacto

Estoy haciendo un pacto con el tiempo,
a ver si, a cambio de todo *lo que se nos lleva,*
nos concede un golpe de suerte,
y mientras tarda en decidirse,
le ganamos tiempo
a esas agujas engreídas que se creen con derecho
a decirnos lo que tenemos que hacer.

Separada

Separa – ci – on.
Se – **para** – da.
Se – **parar.**
Salir.
Vivir.
Y volver a sentir.
Lejos.
De donde, *para parar*
tuve que hacer una separación.

Luces

Qué suerte la mía,
porque aquella luz, que roída y tenue brillaba,
seguía siendo yo, en la más absoluta y gigantesca mierda.

Y qué queréis que os diga, pero
tras unos cuantos naufragios ya
y varias mudanzas,
si seguía brillando aún allí,
era señal de que ya nada, absolutamente nada
podría romperme ni apagar, ni volver a dejarme cegada.

Barricadas

Fundamental fue darme cuenta de haber perdido la cuenta de las veces que vivías y te costeabas a mi cuenta, por tu cuenta.

Establecer límites, implantar valores y coser barricadas con los jirones de mi piel que tú mismo deshilachaste.

Y qué fundamental fue aprender a saborear la calma, la paz y la vida que se respiran al otro lado de este muro que nos separa, nos delimita y ojalá en poco, nos defina.

Tú en tu casa y yo en la mía.

.

150 días

Cómo no iba a doler
reventarse a golpes lo que de ti quedaba;
levantar y arrancar las costras,
destapar las viejas heridas,
echarlo todo abajo.

Y es que tú sigues viva,
tu raíz está intacta
y renacer es una experiencia transformadora.

Paciencia

Hoy le ha salido un brote nuevo a la planta que daba por perdida,
y me ha hecho pensar en la paciencia;
en la forma de entender que esto va *de un poco cada día*,
y que todos cuentan, pero cuenta despacio;
y a veces esto me atormenta y me desespera tanto…
Me cuesta confiar en el camino, me frustro y me enfado,
porque le veo poco sentido a mi esfuerzo, y me enzarzo
en peleas absurdas contra el tiempo que nunca va de la mano;
porque mis deseos y sus expectativas, no son primos hermanos.

He de cultivar la paciencia en su literalidad:
buscar en mi interior la semilla más pequeña
y ponerla con mimo bajo tierra, bajo alma,
y entonces esperar,
esperar a que, a su ritmo crezca, con calma.

Perspectiva

Merece la pena explicar que,
no fue el tiempo quien te puso en tu lugar;
sino que fui yo la que pude alejarme,
salir de donde estaba y mirarte desde afuera,
con una distancia diferente.

Y fue ahí cuando ya no te veías el mismo;
cuando pude ver quién realmente eras,
y ponerte, ahora sí, en el lugar que te correspondía.

Sencilla y profunda

No olvides quién eres
y lo que has venido a hacer.
No olvides cuán profundo es tu deseo
de crecer, siempre crecer.
Te sobra el confort de tu zona,
te alienta ver otras almas florecer.
Siempre supiste cual no era tu camino,
pero te equivocaste;
forma parte del aprender.

Sencilla y profunda a la vez.
No trates de encorsetarte.
Quien te valore te dará *espacio*, *respeto*, *aliento y placer*.

Tengo cena para dos

Tengo cena para dos
solo conmigo misma;
y unas palabras que cruzar
con la que fui ayer.

¿Eres capaz?

Mírate al espejo, cuenta hasta 10 y repite 3 veces:

Yo soy suficiente.
Yo soy suficiente.
Yo soy suficiente.

Sin temor a que aparezca el miedo y te lleve.

Las palabras valientes

De camino a la casa que nunca tuvimos,
me encontré un recuerdo al que nunca llegamos
sobre la familia que no pudimos formar
con las formas que nunca estuvieron presentes.

Y entonces recordé que,
aquel sabor a mierda que me dejaste,
va desapareciendo solo
con el aire de la calle,
en los brazos de la gente.

Que mi memoria le gana terreno a tu recuerdo
y te saca cada vez más de más lugares;
para que, al final,
yo perdure con la familia que sí tengo,
y me coja de la mano
de las personas que sí atienden
a todas mis señales de emergencia y SOS
con las mejores formas
y con *las palabras más valientes*.

Inquina

Aún en el resquicio de las sobras que quedan
enfermas y codiciadas de tanta maldad.
Aún entre las letras de cada palabra que me das,
a fin de hundirme y dañarme todavía un poco más.
He descubierto algo nuevo, tan diferente,
tan desquiciado, tan... ¿será capaz?

Y es que aún en plena guerra,
entre las miradas que no tendrás;
aún en el odio y la inquina,
en el conflicto y en lo que no está:
aún ahí buscas encontrarme,
tener eso, aunque te tengas que conformar.

Ahí donde no hay personas, ni relaciones, ni nada más,
donde no queda más que el polvo
de todo cuanto decidiste quemar.
Me planteaste arder en llamas
a un arriesgo de encerrado quedar.
Y es que, aun ardiendo de pura rabia,
aún perdida toda esperanza ya;
te aferras a lo que la sombra y el recuerdo
puedan resistir y recordar.

Has vendido tu alma al diablo y,
ni tan siquiera tras ese acuerdo,
duermes tus noches en paz.

Mujer y pena

Querida tristeza:
¿cuánto tiempo más te vas a quedar?
Como el peso muerto.
Como el ancla del mar.
Como las pesadillas en las noches frías.
Como aquella mochila repleta.
Como querer reír sin antes llorar;
sin vaciar.

Así te sientes aquí dentro.
Y es que yo me he dado cuenta
de que *me repara la intimidad*;
y entonces me encierro
con el balcón abierto,
mis puertas de par en par;
y miro, sin miedo, lo que llevo dentro;
y saco todo con lo que ya no puedo más.
Limpio con lo que está en mi mano este desván;
pero es que ...
por muchas limpiezas de armario que haga,
aún no te irás, ¿verdad?

Y reconozco que me da algo de miedo,
que ya no te puedas separar,
que te hayas acomodado,
y que, con el tiempo pegada a mí te quedes,
como las conchas del mar.
Y entonces se nos vea fusionadas;
Mujer y pena, verán y dirán.

Y con todo lo que pesas,
con todo lo que me cuestas al andar;
si acomodada te sientes,
si no tienes intención de marchar,
no sé por cuánto tiempo aún me dolerás,
ni qué margen de aguante me queda.

¿Será normal? Me pregunto cada mañana.
Dame una fecha, un secreto final.
Quiero estar preparada
porque el día en que te vayas
ligera y renovada me voy a quedar.
Pienso sentarme en una pompa gigante
con nubes en los pies para volar.
Y prometo no tenerte miedo
nunca jamás, nunca jamás.
Me comprometo y te aseguro que
un hueco en mi sofá siempre tendrás.

Tormentoso desaliento

Lo siento.
Te pido millones de perdón,
por no haber sido un buen ejemplo.
Lo intento.
Traté de darte lo mejor,
fingir que no pasaba nada
y eso no era cierto.
Puse en juego mi razón y mi alma,
nuestro bienestar,
y la cagué un cien por ciento.
Por eso, una vez más, lo siento.
Prometo serle fiel a mi progreso
y no dejarte cicatrices
de esas que solo se ven por dentro.
Y es que, mientras lamo mis heridas
pienso
qué fácil fue decir adiós después de
un largo y tormentoso desaliento;
y qué bonito es vivir ahora las dos.
Yo me ocupo de mis heridas y,
no te miento:
trato de hacerlo lo mejor que puedo
y presiento
que se nos viene un mundo mejor;
agarra mi mano, que yo misma te lo muestro.

Amor de orejas

Qué colmadita me dejas
del amor de tus orejas;
ése que se escapa entre la risa,
mientras te beso y me besas.

Cuánto me llenas el alma;
tu piel con mi piel me da calma.
Respirar el aire compartido
me da alivio, me hace diana.

Historia de amor encerrada
en un cuento de calleja
que te hace de todo, pero no te deja.
Tranquila, mi vida; respira, espera,
para pasar todas las piedras
nos pondremos *zapatillas de tierra*.

Sororidad

Seamos mares y ríos,
que mientras fluyen en sus ciclos,
siempre vuelven a la constancia,
a su punto de inicio, sin disonancia.
Desemboquemos en nosotras mismas;
y escapémonos entre los dedos.
Hagamos que todo se inunde de nuestra energía
sin permiso, con carácter, con valentía.
Seamos todas, nosotras, lo que hemos venido realmente a ser;
lo que se preveía.
Hagamos de nuestra existencia, una marca de vida.

Agradecer, siempre agradecer

Dicen que hay que cerrar una ventana para que se abran algunas puertas. Las mías, al principio, se cerraban, por exceso de corriente y por falta de entereza. Y fue entonces, cuando aparecieron las manos; todas esas manos que me acogieron, que me ayudaron a sujetar, a sostener, a confiar; confiar en que sí se podría, y en que había luz al otro lado del tenue y diminuto cuarto del terror donde vivía.

A todas estas personas, os estoy y estaré eternamente agradecida, y así os lo hago saber diariamente en forma de mensajes, llamadas, listas de Spotify, tuppers con comida casera hecha con amor, ratos de risas en parques, en calles perdidas, en gimnasios acalorados, en libros de intercambio. Os doy las gracias también entre los hielos que se derriten dentro de nuestras copas de gin tonic de señoras quinceañeras, entre las baldas de los muebles que jugamos a montar y desmontar. Os di las gracias en el eco de mi salón, cuando ya no quedaba nada, y a la vez sentía que lo tenía todo.

Agradezco con mi mirada, tras los labios pintados de rojo mate permanente, que vuelven a sonreír como jamás pensé que lo harían. Os doy las gracias cada noche a deshoras, mientras nos despedimos un día repleto de «to do list». Agradezco llorando, gritando, corriendo, leyendo, bailando, o simplemente haciendo un *review* de las fotos que se van acumulando en la memoria de mi viejo teléfono y que, ya piden a gritos una carpeta personalizada.

A veces no podemos vernos todo lo que nos gustaría y a veces lo intercambiable está solo en el trabajo, entre pasillo y pasillo, tras nuestras gafas de oficinista y nuestras ojeras mal disimuladas; o en las llamadas entre esos trayectos en coche, desbordadas de un sitio para otro, deseando llegar a todo y no pudiendo casi alcanzar nada. Pero es ahí, justamente ahí, donde, entre líneas, somos capaces de decirnos lo que necesitamos, ni más ni menos. Siempre funcionales, nunca mediocres.

Os doy las gracias en esos planes con criaturas, donde todas sostenemos a todas; donde os miro a través de la mirada de vuestros hijos y vuestras hijas y me digo, «qué bien lo estamos haciendo y qué suerte la mía». Os doy las gracias a todos los que amáis, queréis y cuidáis con ternura y respeto de mi hija, a todas las personas que participáis en su mundo, en mi crianza, en nuestra vida; las que ampliáis de veras la red de apoyo con solidez y constancia.

Gracias. Personas bonitas. Mujeres valientes. Hermanas hermosas. Personas con las que comparto mi sangre y con las que no, pero he compartido casi una vida entera. Gracias, personas con las que, sin haberlo hecho, siento que he compartido mi intimidad completa, al desnudo, o que no ha sido necesario porque, incluso sin eso, existe un nivel superior de complejo entendimiento. Aquellas que sois lugar seguro, donde abrirme en canal, donde despojarme de toda vergüenza, donde apoyar un rato la mochila culposa y ayudarme a vaciar lo que, ya no merece la pena llevar cargado en la espalda. La ligereza de vivir más tranquilas, menos presionadas, menos enjuiciadas; en primer lugar, por nosotras mismas. Gracias a vosotras, he vuelto a ser yo, estoy siendo yo. E igual que a mí, les pasa a muchas otras mujeres, que se reparan en las miradas, las manos y los abrazos tiernos de otras compañeras.

Por todo ello, gracias a mi familia, a mis amigas, a mis amigos, a mis vecinas y mis vecinos. Gracias a las personas con las que he compartido parque, sin conocernos. Gracias a las familias de tantas puertas del colegio que, sin siquiera saberlo, también han podido acompañar algunos de los peores momentos de mi vida. Gracias a la vida, a mi Paquita, a los animales de mis amigas y de mi familia, que también supieron leer en mí la densa necesidad de sostén y que, generosamente, sin esperar nada a cambio, me la dieron.

Y gracias a mí, por supuesto que a mí. Porque me agarré a mi propio cuerpo cuando no quedaba nada. Por seguir andando y viviendo aún con miedo, rota de dolor, sin saber a dónde iba. Por saberme capaz de superar esto, por reafirmarme una y otra vez en la decisión que tomé y el lugar que ocupo. Gracias por la madre que soy, por seguir creciendo siempre, por soñar tanto, por mi mente despierta, por el abrigo que necesito y por el amor que siempre doy. Porque ahora soy infinitamente mejor que mis versiones anteriores. Por mi resiliencia, mi valor; y porque guardo todas y cada una de las piedras que mi nena me rescata y regala del suelo, como si de tesoros se tratasen; confiando en que el día de mañana pueda devolvérselas en forma de paz, lugar seguro, presencia y amor, muchísimo amor; pudiendo quizás alcanzar la posibilidad de agradecerle también a ella y, sobre todo a ella, lo que en mi vida significa, magnifica, empodera, señaliza, sostiene y enseña.

Gracias, mi vida.
Mamá estará siempre aquí para ti,
en todos los formatos que existan.

Y ojalá algún día este libro esté entre tus manos,
Martina, y así puedas sentir, leer y entender todo lo que
supuso esta revolución en nosotras.

Canciones que me acompañan

Las horas, los días, las semanas y los meses que me llevaron escribir este libro, lo hice acompañada de otras letras; las de las canciones que, a continuación, os comparto.

Siéntete libre de utilizar el recurso como mejor te acompañe a ti.

- ♪ La mujer de verde. Izal
- ♪ La revolución sexual. La Casa Azul
- ♪ Mira cómo vuelo. Miss Caffeina
- ♪ Copenhague. Vetusta Morla
- ♪ Copacabana. Izal
- ♪ Mi realidad. Lori Meyers
- ♪ Viento de cara. Supersubmarina
- ♪ Siempre brilla el sol. Lori Meyers
- ♪ El mismo aire. Pablo Alborán y Camilo
- ♪ El baile. Izal
- ♪ Los días raros. Vetusta Morla
- ♪ Feels like i'm falling in love. Coldplay
- ♪ Siempre me quedará. Bebe
- ♪ The scientist. Coldplay
- ♪ Por las veces. Conchita y Gonzalo Hermida
- ♪ O. Coldplay
- ♪ I'm still standing. Elton Jhon
- ♪ El silencio. Dani Martín
- ♪ 88. Lo-Fang
- ♪ Somewhere only we know. Keane
- ♪ Creo en mí. Natalia Jiménez

- ♪ When we're fire. Lo-Fang
- ♪ En la memoria de la piel. Rosana
- ♪ Me cuesta tanto olvidarte. Mecano
- ♪ Esta es la historia de un amor. Mecano
- ♪ Hoxe, mañá e sempre. Tanxugueiras y Valeria Castro
- ♪ Cuídate. Valeria Castro
- ♪ Éblouie par la nuit. Zaz
- ♪ Sous le ciel de parís. Édith Piaf
- ♪ Voilà. Barbara Pravi
- ♪ Louis. Barbara Pravi
- ♪ Con las ganas. Zahara
- ♪ Comiéndote a besos. Rozalén
- ♪ Cero. Dani Martín
- ♪ Miedo. Pedro Guerra
- ♪ Niños. Pedro Guerra
- ♪ Dos oruguitas. Sebastian Yatra
- ♪ Miedo. Amaia
- ♪ El encantador de serpientes. Pedro Guerra
- ♪ Si tus piernas. Dani Fernández
- ♪ Querida yo. Camilo y Yami Safdie
- ♪ En otra vida. Yami Safdie
- ♪ Mía. Belén Aguilera
- ♪ Algo sencillito. Marta Santos
- ♪ Aprenderás. Rigoberta Bandini
- ♪ Nada que perder. Robe
- ♪ El hombre pájaro. Robe
- ♪ El poder del arte. Robe
- ♪ Y rozar contigo. Robe
- ♪ Nana cruel. Robe
- ♪ Interludio. Robe
- ♪ A la orilla del río. Robe
- ♪ Del tiempo perdido. Robe
- ♪ Una lágrima más. Rosario
- ♪ Piérdete. Diana Roig
- ♪ Al final. María Parrado

♪ Colgados del cielo. Pasión Vega
♪ Lejos de Lisboa. Pasión Vega
♪ Girasoles. Rozalén
♪ Quiéreme bien. Leiva y Macaco
♪ Perra. Rigoberta Bandini
♪ La hipoteca- remix. Rozalén y Paula Mattheus
♪ Chachachá. Joséan Log
♪ Acróstico — Milan + Sasha. Shakira
♪ Tiene que ser más fácil. Valeria Castro
♪ Disco «Las manos». Jorge Bedoya

Sentir o morir

Querida lectora, querido lector:

Gracias por sostener mi libro; por hacer que cada una de estas letras cobre vida en los ojos de quienes las leen; dándole un nuevo y diferente sentido, acompañando momentos vitales, o simplemente estando presente en la mente de quien lo necesita y elige.

Existen diferentes formas de leerlo. Si has llegado aquí antes de profundizar en él, te adelantaré que organicé los textos en tres grandes partes bien definidas, en las que interpretaba sentimientos muy concretos, que relacioné con fenómenos atmosféricos. Puedes así acceder a cada una de ellas en función de tu estado anímico, o lo que sientas que necesitas en cada momento. Esto puede ayudarte a reafirmarte en dicho sentir, a compadecer tu dolor, tu rabia, tu tristeza o tu felicidad; y también puede servirte para no tener que andar innecesariamente sobre caminos que no buscas en ese momento.

Si cuando llegas aquí ya te has sumergido en la intensidad de los diferentes apartados, habrás experimentado las idas y las venidas, las subidas y las bajadas de la tremenda montaña que una y otra vez me hizo sentir traicionada por mis propios pensamientos. La intensidad de esta etapa vital se ve plasmada en todas y cada una de estas páginas y me encantaría saber que logra traspasar el papel, como si de una película se tratase, calando en cada valiente persona que se permite emocionarse, al igual que yo lo hice al escribirlo.

De una forma u otra, disfrútalo, deséalo, llóralo, subráyalo, compártelo, ódialo, habla de él con quienes te rodean; pero sobre todo, siéntelo: en tu intimidad, con intensidad y con respeto, mucho respeto; porque ¿qué nos queda entonces en esta vida, si no nos permitimos SENTIR?

Ordenado todo queda mejor

Brisa de mar

Novedades de Sunrise Editorial

Buscando el sentido de la vida y la coherencia vital de la persona, justo, consigo misma. La ley moral, su pilar más básico y fundamental.
La humanidad, siempre avanza, pese a todo y a todos.

Título: Transcendencia
Autor: Jesús Urarte García
P.V.P. 26,00€
Ensayo
ISBN: 979-13-990633-2-5

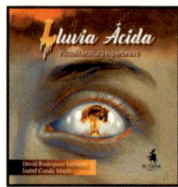

«Lluvia Ácida» es un singular ejercicio artístico que salpica con gotas de explosiva creatividad el ojo del lector. En él, ambos autores definen de forma hiperbreve, sorprendente, humorística o reflexiva diversos conceptos mediante dos artes distintas: la literatura, en forma de greguería abreviada; y la pintura, en forma de minimalismo conceptual monocromático, que por vez primera no constituye un arte subsidiario de la prosa, la ilustración literaria, sino que despliega toda su genialidad en igualdad de condiciones con la letra impresa en un raro mestizaje artístico bautizado como Pictoliteratura.

Título: Lluvia Ácida
Subtítulo: Pictoliteratura hiperbreve
Autores: Isabel Conde Marín y David Rodríguez Valtierra
P.V.P. 16,00€
Miscelánea
ISBN: 979-13-990633-4-9

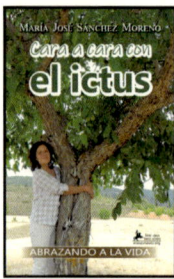

Para poder plantarle cara al ictus, hay que conocerlo.
La autora de este libro, nos invita a ello, compartiendo sus vivencias y conocimientos, tras haber sufrido esta terrible enfermedad: la primera causa de muerte en España.

Título: Cara a cara con el ictus
Autora: María José Sánchez Moreno
P.V.P. 13,00€
Biografía, superación
ISBN: 979-13-990633-5-6

Pedidos:
www.eraseunavez.org
entrelineas@eraseunavez.org

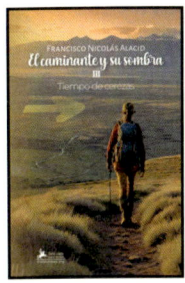

Este libro es un diario puntual de los últimos 853 km. caminando desde el 19 de abril de 2024 hasta el 18 de mayo del mismo año, desde Somport (en el pirineo aragonés) hasta la sede de la mismísima madrina de quienes caminamos y disfrutamos -cada quién a su manera-, la Plaza del Obradoiro en Santiago de Compostela. He querido compartir con todos los lectores estas nuevas y satisfactorias experiencias de un itinerario lleno de sorpresas, a la vez que también el más controvertido de cuantos he vivido, y cuyos impetuosos contratiempos no han evitado redescubrir un mundo de nuevas sensaciones, de nobleza y solidaridad, memoria del siempre inmortal Camino de Santiago.

Título: El caminante y su sombra III
Subtítulo: Tiempo de cerezas
Autor: Francisco Nicolás Alacid
P.V.P. 21,90€
Viajes
ISBN: 979-13-990633-6-3

La confección de este texto ha sido la labor más acariciada y deseada de este prolífico autor, nacido en La Mancha en 1949. Su formación técnica, aunque con fuerte influencia de la literatura, le ha facilitado los medios para poder calibrar con objetividad la repercusión de la tecnología en la sociedad. Un 20% de los ciudadanos —los mayores— no entienden, ni asumen con agrado, el mundo digital, al que consideran artificial, inhumano y con el timón de la vida ingenuamente cedido a las máquinas. Tampoco el relajamiento de la cultura, el esfuerzo y, acaso, también los sueños. "El Club del Atardecer" es un retrato en vivo del momento que vive ese grueso de personas. Es el autor mirando a los ojos de los que ahogan el sentimiento de inutilidad social que pesa sobre ellos, el aburrimiento y la soledad en un Centro de Mayores. Durante tres años, nueve jubilados desgranan día a día, entre sonrisas, pocas, y lágrimas, muchas, lo que piensan del nuevo mundo que se fraguaba mientras ellos trabajaban para dar formación y bienestar a sus vástagos.

Título: El club del atardecer
Subtítulo: Rebelión de los mayores a la vida artificial impuesta por el mundo digital
Autor: Tomás Perales Benito
P.V.P. 22,00€
Narrativa
ISBN: 979-13-990113-2-6

Pedidos:
www.eraseunavez.org
entrelineas@eraseunavez.org

Sunrise Editorial

....

'Más vida'

Sunrise Editorial es un espacio de creación y de manifestación vital donde se potencia a quienes de algún modo intentan renovar la literatura en español, dándole un soplo de frescura; sus talleres están abiertos también a quienes tienen algo fabuloso que contar. Cada título es una joya del autor, porque en su interior palpita su vida. Lo que cuentan, su escritura, es el Sol; y nuestros autores, sugestivos girasoles creativos. Los girasoles miran y buscan el sol. En días nublados, se miran unos a otros buscando la energía de cada uno. No se quedan mustios ni con la cabeza baja, se miran unos a otros y siguen erguidos. En nuestra editorial no se compite: se comparte. Si no tenemos sol todos los días, nos tenemos unos a otros para seguir brillando... viviendo.

El girasol y la fábula

....

SUNRISE Editorial

eraseunavez.org

C/. Lima, 42, posterior
28945 Fuenlabrada, Madrid
autores@eraseunavez.org
www.eraseunavez.org